王弼注

# 老子道德經

文史哲出版社印行

國家圖書館出版品預行編目資料

老子道德經 / 王弼注. -- 再版三刷 -- 臺北
市：文史哲, 民 103.07
172 頁; 21 公分
ISBN 978-957-547-005-0（平裝）

121.31　　86012190

# 老子道德經

注　者：王　弼
出版者：文史哲出版社
http:// www.lapen.com.tw
e-mail：lapen@ms74.hinet.net
登記證字號：行政院新聞局版臺業字五三三七號
發行人：彭正雄
發行所：文史哲出版社
印刷者：文史哲出版社
臺北市羅斯福路一段七十二巷四號
郵政劃撥帳號：一六一八〇一七五
電話886-2-23511028・傳真886-2-23965656
實價新臺幣二〇〇元
國一〇三年（2014）七月再版三刷



ISBN 978-957-547-005-0　　12006

老子道德經目錄　　武英殿聚珍版



臣等謹案唐書劉知幾傳稱易無子夏傳老子無河上公注請用王弼爲宋璟所格僅廢子夏易而弼注老子終不用然陸德明經典釋文所著音訓即弼此注是自隋以來已以弼書爲重

也後諸家之解日衆弼書遂微僅有傳本亦多訛謬此本乃從明華亭張之象本錄出亦不免於訛脫而大致尚可辨別後有政和乙未晁以道跋稱文字多謬誤又有乾道庚寅熊克重刊跋稱近世希有蓋久而後得之則自宋已然矣然二跋皆稱不分道經德經而今本經典釋文上卷雖不題道經下卷乃題曰老子德經音義與此本及跋皆不合殆傳刻釋文者反據俗本增入今謹據永樂大典所載本詳加參校考訂

同異闕其所疑而仍依弼原本不題道經德經

字以存其舊云乾隆四十年正月恭校上

總纂官侍讀臣紀昀

侍讀臣陸錫熊

纂修官庶吉士臣周永年

# 老子道德經上篇

晉　王　弼　注

一章　案河上公注本此爲體道章今依張之象所錄王注原本

道可道非常道名可名非常名

可道之道可名之名指事造形非其常也故不可道不可名也

無名天地之始有名萬物之母

凡有皆始於無故未形無名之時則爲萬物之始及其有形有名之時則長之育之亭之毒之爲其母也

言道以無形無名始成萬物以始以成而不知其所以玄之又玄也

故常無欲以觀其妙 案永樂大典此句上無故字

妙者微之極也萬物始於微而後成始於無而後生故常無欲空虛可以觀其始物之妙

常有欲以觀其徼

徼歸終也凡有之爲利必以無爲用欲之所本適道而後濟故常有欲可以觀其終物之徼也

此兩者同出而異名同謂之玄玄之又玄衆妙之門

兩者始與母也案永樂大典母作無誤同出者同出於玄也異名所施不可同也在首則謂之始在終則謂之母玄者冥也默然無有也始母之所出也不可得而名故不可言同名曰玄而言謂之玄者取於不可得而謂之然也謂之然則不可以定乎一玄而已則是名則失之遠矣案此二句疑有脫誤故曰玄之又玄也衆妙皆從同而出故曰衆妙之門也

二章案河上公注本此爲養身章

天下皆知美之爲美斯惡已皆知善之爲善斯不善已

故有無相生難易相成長短相較案各本俱作形陸德明經典釋文作較蓋用弼本高下相傾音聲相和前後相隨

美者人心之所進樂也惡者人心之所惡疾也美惡猶喜怒也善不善猶是非也喜怒同根是非同門故不可得而偏舉也案原本無而字今據永樂大典校補此六者皆陳自然不可偏舉之明數也

是以聖人處無爲之事

自然已足案永樂大典足作定爲則敗也

行不言之教萬物作焉而不辭生而不有爲而不恃

智慧自備爲則僞也

功成而弗居案永樂大典無而字弗作不

因物而用功自彼成故不居也

夫唯弗居案永樂大典弗作不是以不去

使功在己則功不可久也

三章案河上公注本此爲安民章

不尚賢使民不爭不貴難得之貨使民不爲盜不見可欲使民心不亂案原本及各本俱無民字惟永樂大典有之據弼注故可欲不見上承沒命而盜則經文本有民字今校補

賢猶能也尚者嘉之名也貴者隆之稱也案稱釋文云一本作號一本作名唯能是任尚也曷爲唯用是施貴之何爲尚賢顯名榮過其任爲而常校能相射貴貨過用貪者競趣穿窬探篋没命而盜故可欲不見則心無所亂也

是以聖人之治虛其心實其腹

心懷智而腹懷食虛有智而實無知也

弱其志强其骨

骨無知以幹志生事以亂心虛則志弱也案心虛則志弱也六

字原本缺釋文有應在此注之下今校補

常使民無知無欲

守其眞也

使夫智者不敢爲也

智者謂知爲也

爲無爲則無不治

## 四章 案河上公注本此爲無源章

道沖而用之或不盈淵兮似萬物之宗挫其銳解其紛

和其光同其塵湛兮似或存案或一作若吾不知誰之子象

帝之先

夫執一家之量者不能全家執一國之量者不能成國窮力舉重不能為用故人雖知萬物治也治而不以二儀之道則不能贍也（案贍原本作瞻今據永樂大典校改）地雖形魄不法於天則不能全其寧天雖精象不法於道則不能保其精沖而用之用乃不能窮滿以造實實來則溢故沖而用之又復不盈其為無窮亦已極矣形雖大不能累其體事雖殷不能充其量萬物舍此而求主（案永樂大典作求其生）主其安在乎不亦淵兮似萬物之

宗乎銳挫而無損紛解而不勞和光而不汙其體同塵而不渝其眞不亦湛兮似或存乎地守其形德不能過其載天慊其象德不能過其覆天地莫能及之不亦似帝之先乎帝天帝也

五章 案河上公注本此爲虛用章永樂大典連後章至用之不勤也爲第五章自天長地久至故能成其私爲第六章以下章次俱異今悉依張之象所錄王注原本

天地不仁以萬物爲芻狗

天地任自然無爲無造萬物自相治理故不仁也仁者必造立施化有恩有爲造立施化 案原本脫此四字今據永樂大典

典校補則物失其眞有恩有爲則物不具存物不具存則不足以備載矣地不爲獸生芻而獸食芻不爲人生狗而人食狗無爲於萬物而萬物各適其所用則莫不贍矣案贍原本作瞻今據永樂大典校改若慧由巳樹案慧惠古通未足任也

聖人不仁以百姓爲芻狗

聖人與天地合其德以百姓比芻狗也案比永樂大典作化

天地之間其猶橐籥乎虛而不屈案屈釋文作掘動而愈出

橐排橐也籥樂籥也橐籥之中空洞無情無爲故虛

而不得窮屈動而不可竭盡也天地之中蕩然任自然故不可得而窮猶若橐籥也

多言數窮不如守中

愈爲之則愈失之矣物樹其惡事錯其言不濟不言不理必窮之數也橐籥而守數中則無窮盡棄己任物則莫不理若橐籥有意於爲聲也則不足以共吹者之求也

六章　案河上公注本此爲成象章

谷神不死是謂玄牝玄牝之門是謂天地根緜緜若存

用之不勤

谷神谷中央無谷也無形無影無逆無違處卑不動守靜不衰谷以之成而不見其形此至物也處卑而不可得名故謂天地之根緜緜若存用之不勤門玄牝之所由也本其所由與極同體故謂之天地之根也欲言存耶則不見其形欲言亡耶萬物以之生故緜緜若存也無物不成用而不勞也故曰用而不勤也

七章 案河上公注本此爲韜光章

天長地久天地所以能長且久者以其不自生

自生則與物爭不自生則物歸也

故能長生是以聖人後其身而身先外其身而身存非

以其無私耶故能成其私

無私者無爲於身也身先身存故曰能成其私也

八章 案河上公注本此爲易性章

上善若水水善利萬物而不爭處衆人之所惡

人惡卑也

故幾於道

道無水有故曰幾也

居善地心善淵與善仁言善信正善治案永樂大典正作政古通用

事善能動善時夫唯不爭故無尤

言人皆應於治道也案永樂大典人作水治作此

九章案河上公注本此爲運夷章

持而盈之不如其已

持謂不失德也既不失其德又盈之勢必傾危故不如其已者謂乃更不如無德無功者也

揣而梲之案梲各本俱作銳惟釋文作梲音銳不可長保

旣揣末令尖又銳之令利勢必摧衄故不可長保也

金玉滿堂莫之能守

不若其已

富貴而驕自遺其咎

不可長保也

功遂身退案河上公注本及各本俱作功成名遂身退天之道

四時更運功成則移

十章案河上公注本此爲能爲章

載營魄抱一能無離乎

載猶處也營魄人之常居處也一人之眞也言人能處常居之宅抱一清神能常無離乎則萬物自賓也

專氣致柔能嬰兒乎

專任也致極也言任自然之氣致至柔之和能若嬰兒之無所欲乎則物全而性得矣

滌除玄覽能無疵乎

玄物之極也言能滌除邪飾至於極覽能不以物介其明疵之其神乎案二句疑有脫誤則終與玄同也

愛民治國能無知乎

任術以求成運數以求匿者智也玄覽無疵猶絕聖也治國無以智猶棄智也能無以智乎則民不辟而國治之也

天門開闔能無雌乎案注義無似作爲

天門謂天下之所由從也開闔治亂之際也或開或闔經通於天下故曰天門開闔也雌應而不倡因而不爲言天門開闔能爲雌乎則物自賓而處自安矣

明白四達能無爲乎

言至明四達無迷無惑能無以爲乎則物化矣所謂

道常無爲侯王若能守則萬物自化

生之

　不塞其原也

畜之

　不禁其性也

生而不有爲而不恃長而不宰是謂玄德

　不塞其原則物自生何功之有不禁其性則物自濟何爲之恃物自長足不吾宰成有德無主非玄而何案而永樂大典作如古文而如通用凡言玄德皆有德而不知其主出

乎幽冥

十一章 案河上公注本此爲無用章

三十輻共一轂當其無有車之用

轂所以能統三十輻者無也以其無能受物之故故能以實統衆也

挻埴以爲器 案挻各本俱作埏惟釋文作挻 當其無有器之用鑿戶牖以爲室當其無有室之用故有之以爲利無之以爲用

木埴壁所以成三者而皆以無爲用也 案永樂大典無也字 言無者有之所以爲利皆賴無以爲用也

十二章　案河上公注本此爲檢欲章

五色令人目盲五音令人耳聾五味令人口爽馳騁畋獵令人心發狂

爽差失也失口之用故謂之爽夫耳目口心皆順其性也不以順性命反以傷自然故曰盲聾爽狂也

難得之貨令人行妨

難得之貨塞人正路故令人行妨也

是以聖人爲腹不爲目故去彼取此

爲腹者以物養己爲目者以物役己故聖人不爲目

也

十三章 案河上公注本此爲厭恥章

寵辱若驚貴大患若身何謂寵辱若驚寵爲下得之若驚失之若驚是謂寵辱若驚

寵必有辱榮必有患驚辱等榮患同也爲下得寵辱榮患若驚則不足以亂天下也

何謂貴大患若身

大患榮寵之屬也生之厚必入死之地故謂之大患也人迷之於榮寵返之於身故曰大患若身也

吾所以有大患者爲吾有身

由有其身也

及吾無身

歸之自然也

吾有何患故貴以身爲天下若可寄天下 案若可寄永樂大典作則可以寄河上公注本作則可寄於天下

無以易其身故曰貴也如此乃可以託天下也

愛以身爲天下若可託天下 案若可託永樂大典作乃可以託河上公注本作乃可以託於天下

無物可以損其身故曰愛也如此乃可以寄天下也

不以寵辱榮患損易其身然後乃可以天下付之也

十四章　案河上公注本此爲贊玄章

視之不見名曰夷聽之不聞名曰希搏之不得名曰微

此三者不可致詰故混而爲一

無狀無象無聲無響故能無所不通無所不往不得而知更以我耳目體不知爲名故不可致詰混而爲一也

其上不皦其下不昧繩繩不可名　案永樂大典繩繩下有兮字　復歸

於無物是謂無狀之狀無物之象

欲言無耶而物由以成欲言有耶而不見其形故曰無狀之狀無物之象也

是謂惚恍

不可得而定也

迎之不見其首隨之不見其後執古之道以御今之有

有有其事

能知古始是謂道紀

無形無名者萬物之宗也雖今古不同時移俗易故

莫不由乎此以成其治者也故可執古之道以御今之有上古雖遠其道存焉故雖在今可以知古始也

十五章 案河上公注本此爲顯德章

古之善爲士者微妙玄通深不可識夫唯不可識故强爲之容豫焉案豫一作與若冬涉川

冬之涉川豫然若欲度案若原本訛作者今據永樂大典校改若不欲度其情不可得見之貌也

猶兮若畏四鄰

四鄰合攻中央之主猶然不知所趣向者也上德之

人其端兆不可覩德趣不可見亦猶此也

儼兮其若容案容一本作客渙兮若冰之將釋敦兮其若樸曠兮其若谷混兮其若濁

凡此諸若皆言其容象不可得而形名也

孰能濁以靜之徐清孰能安以久案永樂大典無久字動之徐生

夫晦以理物則得明濁以靜物則得清安以動物則得生此自然之道也孰能者言其難也徐者詳慎也

保此道者不欲盈

盈必溢也

夫唯不盈故能敝不新成案敝永樂大典作撇

敝覆蓋也

十六章案河上公注本此爲歸根章

致虛極守靜篤

言致虛物之極篤守靜物之眞正也

萬物並作

動作生長

吾以觀復案觀下河上公注本及各本俱有其字

以虛靜觀其反復凡有起於虛動起於靜故萬物雖

並動作卒復歸於虛靜是物之極篤也

夫物芸芸各復歸其根

各返其所始也

歸根曰靜是謂復命復命曰常

歸根則靜故曰靜靜則復命故曰復命也復命則得性命之常故曰常也

知常曰明不知常妄作凶

常之爲物不偏不彰無皦昧之狀案皦原本訛作曒今據永樂大典校改溫涼之象故曰知常曰明也唯此復乃案永樂大典無乃字

能包通萬物無所不容失此以往則邪入乎分則物離其分案原本脫其字今據釋文校補故曰不知常則妄作凶也

知常容

無所不包通也

容乃公

無所不包通則乃至於蕩然公平也

公乃王

蕩然公平則乃至於無所不周普也

王乃天

無所不周普則乃至於同乎天也案也永樂大典作均

天乃道

與天合德體道大通則乃至於極虛無也

道乃久

窮極虛無得道之常案道永樂大典作物誤則乃至於不窮極也案窮原本訛作有今據永樂大典校改

沒身不殆

無之爲物水火不能害金石不能殘用之於心則虎兕無所投其齒角案齒永樂大典作爪兵戈無所容其鋒刃何

危殆之有乎

十七章 案河上公注本此爲淳風章

太上下知有之 案下永樂大典作不吳澄注亦作不

太上謂大人也大人在上故曰太上大人在上居無爲之事行不言之教萬物作焉而不爲始故下知有之而已言從上也 案言從上也四字原本誤移於信不足焉節注內永樂大典在有之而已下今校改

其次親而譽之 案而河上公注本及各本俱作之

不能以無爲居事不言爲教立善行施使下得親而

譽之也

其次畏之

不復能以恩仁令物而賴威權也

其次侮之案永樂大典無其次二字

不能法以正齊民而以智治國下知避之其令不從

故曰侮之也

信不足焉有不信焉

夫御體失性則疾病生輔物失眞則疵釁作信不足焉則有不信此自然之道也已處不足非智之所齊

也案此節注夫御上有言從上也四字今據永樂大典移於首節注末永樂大典又誤以此注移寘其次親而譽之三節注前仍以此本爲長

悠兮其貴言案悠河上公注本及各本俱作猶功成事遂百姓皆謂我自然

自然其端兆不可得而見也其意趣不可得而覩也無物可以易其言言必有應故曰悠兮其貴言也居無爲之事行不言之教不以形立物案形永樂大典作刑故功成事遂而百姓不知其所以然也

十八章案河上公注本此爲俗薄章

大道廢有仁義

失無爲之事更以施慧（案施原本作於今據永樂大典校改）立善道進物也

慧智出有大僞（案慧智各本俱作智慧河上公注本作智惠）

行術用明以察姦僞趣覩形見物知避之故智慧出則大僞生也（案永樂大典脫生也二字）

六親不和有孝慈（案慈永樂大典作子）國家昏亂有忠臣

甚美之名生於大惡所謂美惡同門六親父子兄弟夫婦也若六親自和國家自治則孝慈忠臣不知其

所在矣魚相忘於江湖之道則相濡之德生也

十九章案河上公注本此作還淳章永樂大典此章與上章合爲一章

絕聖棄智民利百倍案永樂大典此二句在絕仁二句之下絕仁棄義民復孝慈絕巧棄利盜賊無有此三者以爲文不足故令有所屬見素抱樸少私寡欲

聖智案永樂大典聖下有人字才之善也仁義人之善也巧利用之善也而直云絕文甚不足不令之有所屬無以見其指故曰此三者以爲文而未足故令人有所屬屬之於素樸寡欲

二十章 案河上公注本此爲異俗章

絕學無憂唯之與阿相去幾何善之與惡相去若何 案若何河上公注本及各本俱作何若 人之所畏不可不畏

下篇爲學者日益爲道者日損然則學求益所能而進其智者也若將無欲而足何求於益不知而中何求於進夫燕雀有匹 案燕原本作鷰今據永樂大典校改 鳩鴿有仇寒鄉之民必知旃裘自然已足益之則憂故續鳧之足何異截鶴之脛畏譽而進何異畏刑唯阿美惡相去何若故人之所畏吾亦畏焉未敢恃之以爲用也

荒兮其未央哉

歎與俗相返之遠也案永樂大典無此句

衆人熙熙如享太牢如春登臺案春登臺一本作登春臺

衆人迷於美進惑於榮利欲進心競故熙熙如享太牢如春登臺也

我獨泊兮其未兆案永樂大典無獨字如嬰兒之未孩

言我廓然無形之可名無兆之可舉如嬰兒之未能孩也

儽儽兮若無所歸案儽儽河上公注本及各本俱作乘乘

若無所宅

衆人皆有餘而我獨若遺案永樂大典無而字

衆人無不有懷有志盈溢胸心故曰皆有餘也我獨廓然無爲無欲若遺失之也

我愚人之心也哉

絶愚之人心無所別析意無所好欲猶然其情不可覩我頹然若此也

沌沌兮

無所別析不可爲明案明原本作也今據永樂大典校改

俗人昭昭

耀其光也

我獨昏昏（案昏昏河上公注本作若昏）俗人察察

分別別析也

我獨悶悶澹兮其若海（案澹兮永樂大典作漂乎一本作忽兮）

情不可覩

飂兮若無止（案飂河上公注本作漂永樂大典無下有所字）

無所繫縶

衆人皆有以

以用也皆欲有所施用也

而我獨頑似鄙案一本無而字

無所欲爲悶悶昏昏若無所識故曰頑且鄙也

我獨異於人而貴食母

食母生之本也人者皆棄生民之本貴末飾之華故曰我獨欲異於人

## 二十一章

案河上公注本此爲虛心章

孔德之容惟道是從案是永樂大典作之

孔空也惟以空爲德然後乃能動作從道

道之爲物惟恍惟惚

恍惚無形不繫之歎

惚兮恍兮其中有象案此二句一本在下二句之下恍兮惚兮其中有物

以無形始物不繫成物萬物以始以成而不知其所以然故曰恍兮惚兮惚兮恍兮其中有象也

窈兮冥兮其中有精

窈冥深遠之歎深遠不可得而見然而萬物由之其可得見以定其眞故曰窈兮冥兮其中有精也

其精甚眞其中有信

信信驗也物反窈冥則眞精之極得萬物之性定故曰其精甚眞其中有信也

自古及今其名不去

至眞之極不可得名無名則是其名也自古及今無不由此而成故曰自古及今其名不去也

以閱衆甫

衆甫物之始也以無名說萬物始也

吾何以知衆甫之狀哉（案狀各本俱作然）以此

此上之所云也言吾何以知萬物之始於無哉以此知之也

二十二章 案何上公注本此爲益謙章

曲則全

不自見其明 案明原本作名今據永樂大典校改 則全也

枉則直

不自是則其是彰也

窪則盈

不自伐則其功有也

敝則新

不自矜則其德長也

少則得多則惑

自然之道亦猶樹也轉多轉遠其根轉少轉得其本

多則遠其眞故曰惑也少則得其本故曰得也案此二句永樂大典作下節注誤

是以聖人抱一爲天下式

一少之極也式猶則之也

不自見故明不自是故彰不自伐故有功不自矜故長

夫唯不爭故天下莫能與之爭古之所謂曲則全者豈虛言哉誠全而歸之

二十三章 案河上公注本此爲虛無章

希言自然

聽之不聞名曰希下章言道之出言淡兮其無味也視之不足見聽之不足聞然則無味不足聽之言乃是自然之至言也

故飄風不終朝案河上公注本及各本俱無故字驟雨不終日孰爲此者天地天地尚不能久而況於人乎

言暴疾美與不長也

故從事於道者道者同於道

從事謂舉動從事於道者也道以無形無爲成濟萬物故從事於道者以無爲爲君不言爲教緜緜若存而物得其眞與道同體故曰同於道

德者同於德

得少也少則得故曰得也行得則與得同體故曰同於得也

失者同於失

失累多也累多則失故曰失也行失則與失同體故

曰同於失也

同於道者道亦樂得之案永樂大典無樂字下二句同同於德者德亦

樂得之同於失者失亦樂得之

言隨行其所故同而應之

信不足焉有不信焉

忠信不足於下焉有不信焉案焉永樂大典作也

二十四章案河上公注本此爲苦恩章

企者不立案企河上公注本及各本俱作跂

物尚進則失安故曰企者不立

跨者不行自見者不明自是者不彰自伐者無功自矜者不長其在道也案在河上公注本及各本俱作於曰餘食贅行

其唯於道而論之若郤至之行盛饌之餘也本雖美更可薉也本雖有功而自伐之故更爲肬贅者也

物或惡之故有道者不處案處下河上公注本及各本俱有也字

## 二十五章案河上公注本此爲象元章

有物混成先天地生

混然不可得而知而萬物由之以成故曰混成也不

知其誰之子故先天地生

寂兮寥兮獨立不改案立下河上公注本及各本俱有而字

寂寞無形體也無物之匹故曰獨立也返化終始不失其常故曰不改也

周行而不殆可以爲天下母

周行無所不至而免殆案免永樂大典作危能生全大形也故可以爲天下母也

吾不知其名

名以定形混成無形不可得而定故曰不知其名也

字之曰道

夫名以定形字以稱可言道取於無物而不由也是混成之中可言之稱最大也

強爲之名曰大

吾所以字之曰道者取其可言之稱最大也責其字定之所由則繫於大大有繫則必有分有分則失其極矣故曰強爲之名曰大

大曰逝

逝行也不守一大體而已周行無所不至故曰逝也

逝曰遠遠曰反

遠極也周無所不窮極不偏於一逝故曰遠也不隨於所適其體獨立故曰反也

故道大天大地大王亦大

天地之性人爲貴而王是人之主也雖不職大亦復爲大與三匹故曰王亦大也

域中有四大

四大道天地王也凡物有稱有名則非其極也言道則有所由有所由然後謂之爲道然則是道稱中之

大也不若無稱之大也無稱不可得而名曰域也道天地王皆在乎無稱之內故曰域中有四大者也

而王居其一焉

處人主之大也

人法地地法天天法道道法自然

法謂法則也人不違地乃得全安法地也地不違天乃得全載法天也天不違道乃得全覆法道也道不違自然乃得其性法自然者在方而法方在圓而法圓於自然無所違也自然者無稱之言窮極之辭也

用智不及無知而形魄不及精象精象不及無形有儀不及無儀故轉相法也道順自然天故資焉天法於道地故則焉地法於天人故象焉所以爲主其一之者主也

二十六章 案河上公注本此爲重德章

重爲輕根靜爲躁君

凡物輕不能載重小不能鎮大不行者使行不動者制動是以重必爲輕根靜必爲躁君也

是以聖人終日行不離輜重

以重爲本故不離

雖有榮觀燕處超然

不以經心也 案永樂大典脫此句

奈何萬乘之主而以身輕天下輕則失本 案本河上公注本作臣永樂大典作根 躁則失君

輕不鎮重也失本爲喪身也失君爲失君位也 案爲永樂大典作謂古通用

## 二十七章 案河上公注本此爲巧用章

善行無轍迹

順自然而行不造不始故物得至而無轍迹也

善言無瑕讁

順物之性不別不析故無瑕讁可得其門也

善數不用籌策

案數河上公注本作計

因物之數不假形也

善閉無關楗

案楗原本作鍵今據釋文校改注同

而不可開善結無繩約而不可解

因物自然

案此句原本作自物因然今據永樂大典校改

不設不施故不用關楗繩約而不可開解也此五者皆言不造不施因

物之性不以形制物也

是以聖人常善救人故無棄人

聖人不立形名以檢於物不造進向以殊棄不肖輔萬物之自然而不爲始故曰無棄人也不尚賢能則民不爭不貴難得之貨則民不爲盜不見可欲則民心不亂常使民心無欲無惑則無棄人矣

常善救物故無棄物是謂襲明故善人者案永樂大典無者字不善人之師

舉善以師不善故謂之師矣

不善人者案永樂大典無者字善人之資

資取也善人以善齊不善以善棄不善也故不善人善人之所取也

不貴其師不愛其資雖智大迷

雖有其智自任其智不因物於其道必失故曰雖智大迷

是謂要妙

二十八章案河上公注本此爲反樸章

知其雄守其雌爲天下谿爲天下谿常德不離復歸於

嬰兒案永樂大典此節在復歸於無極之後據注仍宜在前

雄先之屬雌後之屬也知爲天下之先也必後也是以聖人後其身而身先也谿不求物而物自歸之嬰兒不用智而合自然之智

知其白守其黑爲天下式

式模則也

爲天下式常德不忒

忒差也

復歸於無極

不可窮也

知其榮守其辱爲天下谷爲天下谷常德乃足復歸於樸

此三者言常反終後乃德全其所處也下章云反者道之動也功不可取常處其母也

樸散則爲器聖人用之則爲官長

樸眞也眞散則百行出殊類生若器也聖人因其分散故爲之立官長以善爲師不善爲資移風易俗復使歸於一也

故大制不割

大制者以天下之心爲心故無割也

二十九章 案河上公注本此爲無爲章

將欲取天下而爲之吾見其不得已天下神器 案永樂大典器下有也字

神無形無方也器合成也無形以合故謂之神器也

不可爲也爲者敗之執者失之

萬物以自然爲性故可因而不可爲也可通而不可執也物有常性而造爲之故必敗也物有往來而執

之故必失矣

故物或行或隨或歔或吹案歔河上公注本作呴或強或羸或挫或隳案挫河上公注本作載是以聖人去甚去奢去泰

凡此諸或言物事逆順反覆不施爲執割也聖人達自然之至暢萬物之情故因而不爲順而不施除其所以迷去其所以惑故心不亂而物性自得之也

三十章案河上公注本此爲儉武章

以道佐人主者不以兵強天下

以道佐人主尚不可以兵強於天下況人主躬於道

者乎

其事好還

爲始者務欲立功生事而有道者務欲還反無爲故云其事好還也

師之所處荆棘生焉大軍之後必有凶年

言師凶害之物也無有所濟必有所傷賊害人民殘荒田畝故曰荆棘生焉（案永樂大典焉作也）

善有果而已（案有永樂大典作者而已下有矣字）不敢以取強

果猶濟也言善用師者趣以濟難而已矣不以兵力

取强於天下也〔案也永樂大典作矣〕

果而勿矜果而勿伐果而勿驕

吾不以師道爲尚不得已而用何矜驕之有也

果而不得已果而勿强

言用兵雖趣功果濟難然時故不得已當復用者但當以除暴亂不遂用果以爲强也

物壯則老是謂不道不道早已〔案不一本作非〕

壯武力暴興喻以兵强於天下者也飄風不終朝驟雨不終日故暴興必不道早已也

三十一章 案河上公注本此爲偃武章

夫佳兵者 案一本無者字 不祥之器 案永樂大典無之器二字 物或惡之故有道者不處 案永樂大典處下有也字 君子居則貴左用兵則貴右兵者不祥之器 案自此句至言以喪禮處之似有注語雜入但河上公注本及各本俱作經文今仍之 非君子之器不得已而用之恬淡爲上 案恬淡河上公注本作恬惔一本作恬澹又作恬然 勝而不美而美之者 案永樂大典無而字 是樂殺人 案永樂大典人下有也字 夫樂殺人者 案永樂大典無夫字 則不可以得志於天下矣 案永樂大典無則字 吉事尚左凶事尚右偏將軍居左 案永樂大典居作處下句同 上將軍居右言以喪禮處之 案永樂大典無此句

殺人之衆以哀悲泣之案哀悲河上公注本及各本俱作悲哀戰勝以喪禮處之

三十二章案河上公注本此爲聖德章

道常無名樸雖小天下莫能臣也案河上公注本作天下莫敢臣前侯王若能守之案侯王釋文云梁武作王侯萬物將自賓

道無形不繫常不可名以無名爲常故曰道常無名也樸之爲物以無爲心也亦無名一本或作樸之爲物無心故無名故將得道莫若守樸夫智者可以能臣也勇者可以武使也巧者可以事役也力者可以重任也樸之爲

物憒然不偏近於無有故曰莫能臣也抱樸無爲不以物累其眞不以欲害其神則物自賓而道自得也

天地相合以降甘露民莫之令而自均案民永樂大典作人

言天地相合則甘露不求而自降我守其眞性無爲則民不令而自均也

始制有名名亦既有夫亦將知止知止可以不殆案可河上公注本及各本俱作所

始制謂樸散始爲官長之時也始制官長不可不立名分以定尊卑故始制有名也過此以往將爭錐刀

之未故曰名亦既有夫亦將知止也遂任名以號物

則失治之母也故知止所以不殆也

譬道之在天下猶川谷之於江海

川谷之求江與海非江海召之不召不求而自歸者

世行道於天下者不令而自均不求而自得故曰猶

川谷之與江海也

三十三章 案河上公注本此爲辨德章

知人者智自知者明

知人者智而已矣未若自知者 案永樂大典無未若二字 超智之

上也

勝人者有力自勝者強

勝人者有力而已矣未若自勝者無物以損其力用其智於人未若用其智於己也用其力於人未若用其力於己也明用於己則物無避焉力用於己則物無改焉案永樂大典無力用於己則物無改焉九字

知足者富

知足自不失故富也

強行者有志

勤能行之其志必獲故曰强行者有志矣

不失其所者久

以明自察量力而行不失其所必獲久長矣

死而不亡者壽

雖死而以爲生之道不亡乃得全其壽身没而道猶存況身存而道不卒乎

三十四章 案河上公注本此爲任成章

大道氾兮其可左右

言道氾濫無所不適可左右上下周旋而用則無所

不至也

萬物恃之而生而不辭功成不名有案永樂大典而生作以生不名有作而不居衣養萬物而不爲主案衣養河上公注本作愛養永樂大典作衣被常無欲可名於小案永樂大典無常字小下有矣字

萬物皆由道而生既生而不知其所由案所由永樂大典作由所誤故天下常無欲之時萬物各得其所案原本脫其字今據永樂大典校補若道無施於物故名於小矣

萬物歸焉而不爲主案爲永樂大典作知可名爲大案永樂大典爲作於大下有矣字又有是以聖人能成其大也九字

萬物皆歸之以生而力使不知其所由此不爲小故

復可名於大矣

以其終不自爲大案河上公注本作是以聖人終不爲大永樂大典作以其不自大故

能成其大

爲大於其細圖難於其易

三十五章案河上公注本此爲仁德章

執大象天下往

大象天象之母也不寒不温不凉故能包統萬物無

所犯傷主若執之則天下往也

往而不害安平太案平太河上公注本作太平永樂大典作平泰

無形無識不偏不彰故萬物得往而不害妨也

樂與餌過客止道之出口淡乎其無味視之不足見聽之不足聞用之不足既案足河上公注本及各本俱作可

言道之深大人聞道之言乃更不如案如原本訛知今據永樂大典校改樂與餌應時感悅人心也樂與餌則能令過客止而道之出言淡然無味視之不足見則不足以悅其目聽之不足聞則不足以娛其耳若無所中然乃用之不可窮極也

三十六章 案河上公注本此爲微明章

將欲歙之必固張之將欲弱之必固強之將欲廢之必固興之將欲奪之必固與之是謂微明

將欲除強梁去暴亂當以此四者因物之性令其自戮不假刑爲大以除將物也故曰微明也足其張令之足而又求其張則衆所歙也與其張之不足而攺其求張者愈益而已反危

柔弱勝剛強 案永樂大典作柔勝剛弱勝強 魚不可脫於淵國之利器不可以示人

利器利國之器也唯因物之性不假刑以理物器不可覩而物各得其所案所永樂大典作性則國之利器也示人者任刑也刑以利國則失矣魚脫於淵則必見失矣利國器而立刑以示人亦必失也

三十七章案河上公注本此爲爲政章

道常無爲

順自然也

而無不爲

萬物無不由爲以治以成之也

侯王若能守之（案永樂大典無之字）萬物將自化化而欲作吾將鎭之以無名之樸

化而欲作作欲成也吾將鎭之無名之樸不爲主也

無名之樸夫亦將無欲（案河上公注本及各本俱無夫字無欲作不欲）

無欲競也

不欲以靜天下將自定

老子道德經　上篇　　朱攸校

老子道德經上篇

# 老子道德經下篇

晉　王弼　注

三十八章案河上公注本此爲論德章永樂大典此章以下缺注張之象所錄王注脫誤甚多今無別本可校姑仍舊文

上德不德是以有德下德不失德是以無德上德無爲而無以爲下德爲之而有以爲上仁爲之而無以爲上義爲之而有以爲上禮爲之而莫之應則攘臂而扔之案扔各本俱作仍故失道而後德失德而後仁失仁而後義失義而後禮夫禮者忠信之薄而亂之首前識者道之華

而愚之始是以大丈夫處其厚不居其薄處其實不居其華〔案焦竑云古本四句並作處〕故去彼取此

德者得也常得而無喪利而無害故以德爲名焉何以得德由乎道也何以盡德以無爲用以無爲用則莫不載也故物無焉則無物不經有焉則不足以免其生是以天地雖廣以無爲心聖王雖大以虛爲主故曰以復而視則天地之心見至日而思之則先王之至覩也故滅其私而無其身則四海莫不瞻遠近莫不至殊其己而有其心則一體不能自全肌骨不

能相容是以上德之人唯道是用不德其德無執無用故能有德而無不爲不求而得不爲而成故雖有德而無德名也下德求而得之爲而成之則立善以治物故德名有焉求而得之必有失焉爲而成之必有敗焉善名生則有不善應焉故下德爲之而有以爲也無以爲者無所偏爲也凡不能無爲而爲之者皆下德也仁義禮節是也將明德之上下輒舉下德以對上德至於無以爲極下德下之量上仁是也足及於無以爲而猶爲之焉爲之而無以爲故有爲爲

之患矣本在無爲母在無名棄本捨母而適其子功雖大焉必有不濟名雖美焉僞亦必生不能不爲而成不興而治則乃爲之故有弘普博施仁愛之者而愛之無所偏私故上仁爲之而無以爲也愛不能兼則有抑抗正眞而義理之者忿枉祐直助彼攻此物事而有以心爲矣故上義爲之而有以爲也直不能篤則有游飾修文禮敬之者尚好修敬校責往來則不對之間忿怒生焉故上禮爲之而莫之應則攘臂而扔之夫大之極也其唯道乎自此已往豈足尊哉

故雖盛業大富而有萬物猶各得其德雖貴以無爲用不能捨無以爲體也不能捨無以爲體則失其爲大矣所謂失道而後德也以無爲用德其母故能已不勞焉而物無不理下此已往則失用之母不能無爲而貴博施不能博施而貴正直不能正直而貴飾敬所謂失德而後仁失仁而後義失義而後禮也夫禮也所始首於忠信不篤通簡不陽責備於表機微爭制夫仁義發於內爲之猶僞況務外飾而可久乎故夫禮者忠信之薄而亂之首也前識者前人而識

也卽下德之倫也竭其聰明以為前識役其智力以營庶事雖德其情姦巧彌密雖豐其譽愈喪篤實勞而事昏務而治薉雖竭聖智而民愈害舍己任物則無為而泰守夫素樸則不順典制聽彼所獲棄此所守識道之華而愚之首故苟得其為功之母則萬物作焉而不辭也萬事存焉而不勞也用不以形御不以名故名仁義可顯禮敬可彰也夫載之以大道鎮之以無名則物無所尚志無所營各任其貞事用其誠則仁德厚焉行義正焉禮敬清焉棄其所載舍其

所生用其成形役其聰明仁則誠焉義其競焉禮其爭焉故仁德之厚非用仁之所能也行義之正非用義之所成也禮敬之清非用禮之所濟也載之以道統之以母故顯之而無所尚彰之而無所競用夫無名故名以篤焉用夫無形故形以成焉守母以存其子崇本以舉其末則形名俱有而邪不生大美配天而華不作故母不可遠本不可失仁義母之所生非可以爲母形器匠之所成非可以爲匠也捨其母而用其子棄其本而適其末名則有所分形則有所止

雖極其大必有不周雖盛其美必有患憂功在爲之豈足處也

三十九章 案河上公注本此爲法本章

昔之得一者

昔始也一數之始而物之極也各是一物之生所以爲主也物皆各得此一以成既成而舍以居成居成則失其母故皆裂發歇竭滅蹶也

天得一以清地得一以寧神得一以靈谷得一以盈萬物得一以生侯王得一以爲天下貞其致之 案各本致之之下有一

也二字焦竑云開元本無

各以其一致此清寧靈盈生貞

天無以清將恐裂

用一以致清耳非用清以清也守一則清不失用清

則恐裂也故爲功之母不可舍也是以皆無用其功

恐喪其本也

地無以寧將恐發神無以靈將恐歇谷無以盈將恐竭

萬物無以生將恐滅侯王無以貴高案各本以下有貞字將恐蹶

故貴以賤爲本高以下爲基是以侯王自謂孤寡不穀

此非以賤爲本耶非乎故致數輿無輿案兩輿字河上公注本作車釋文作輿原本譌作轝今據釋文校改不欲琭琭如玉珞珞如石案珞珞河上公注本作落落

清不能爲清盈不能爲盈皆有其母以存其形故清不足貴盈不足多貴在其母而母無貴形貴乃以賤爲本高乃以下爲基故致數輿乃無輿也玉石琭琭珞珞體盡於形故不欲也

四十章　案河上公注本此爲去用章

反者道之動

高以下爲基貴以賤爲本有以無爲用此其反也動皆知其所無則物通矣故曰反者道之動也

弱者道之用

柔弱同通不可窮極

天下萬物生於有有生於無

天下之物皆以有爲生有之所始以無爲本將欲全有必反於無也

四十一章 案河上公注本此爲同異章

上士聞道勤而行之

有志也

中士聞道若存若亡下士聞道大笑之不笑不足以爲道故建言有之 案之下一本有曰字

建猶立也

明道若昧

光而不耀

進道若退

後其身而身先外其身而身存

夷道若纇 案纇河上公注本作類

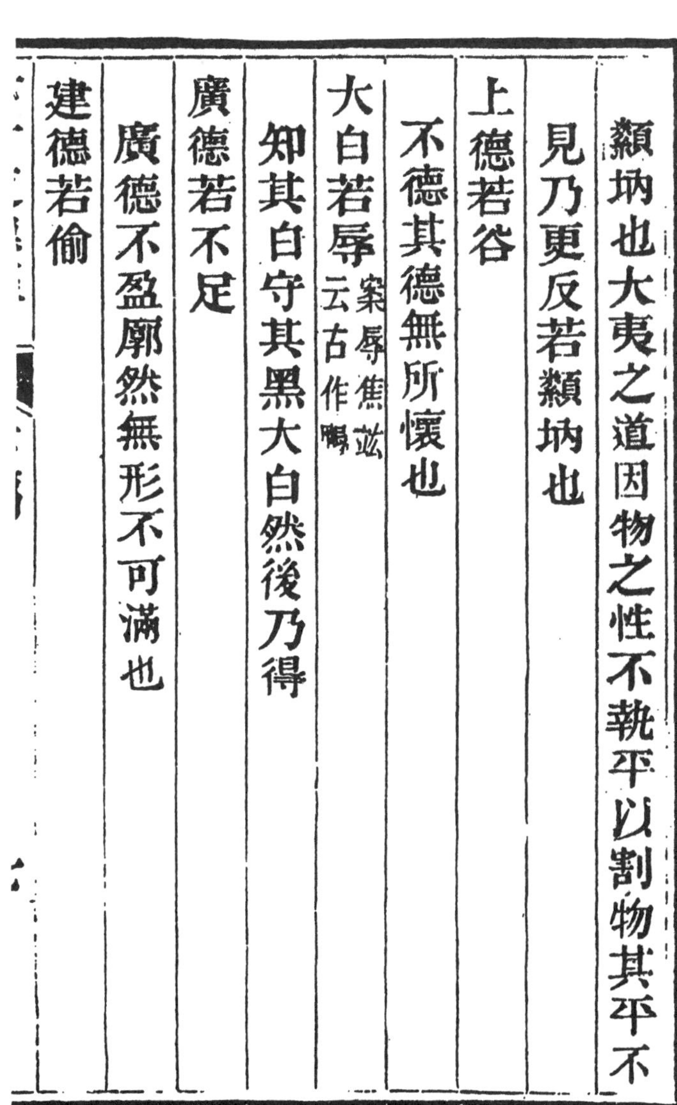

纇抐也大夷之道因物之性不執平以割物其平不見乃更反若纇抐也

上德若谷

不德其德無所懷也

大白若辱 案辱焦竑云古作黷

知其白守其黑大白然後乃得

廣德若不足

廣德不盈廓然無形不可滿也

建德若偷

偷匹也建德者因物自然不立不施故若偷匹

質眞若渝（宋渝作媮）

質眞者不矜其眞故渝

大方無隅

方而不割故無隅也

大器晚成

大器成天下不持全別故必晚成也

大音希聲

聽之不聞名曰希不可得聞之音也有聲則有分有

分則不宮而商矣分則不能統衆故有聲者非大音也

大象無形

有形則有分有分者不溫則炎不炎則寒故象而形者非大象

道隱無名夫唯道善貸且成

凡此諸善皆是道之所成也在象則爲大象而大象無形在音則爲大音而大音希聲物以之成而不見其成形故隱而無名也貸之非唯供其乏而已一貸

之則足以永終其德故曰善貸也成之不如機匠之裁無物而不濟其形故曰善成

四十二章 案河上公注本此爲道化章

道生一一生二二生三三生萬物萬物負陰而抱陽沖氣以爲和人之所惡唯孤寡不穀而王公以爲稱故物或損之而益或益之而損

萬物萬形其歸一也何由致一由於無也由無乃一一可謂無已謂之一豈得無言乎有言有一非二如何有一有二遂生乎三從無之有數盡乎斯過此以

徃非道之流故萬物之生吾知其主雖有萬形沖氣一焉百姓有心異國殊風而得一者王侯主焉以一爲主一何可舍愈多愈遠損則近之損之至盡乃得其極旣謂之一猶乃至三況本不一而道可近乎損之而益豈虛言也

人之所教我亦教之案二句焦竑云一作人之所以教我亦我之所以教人一作人之所教亦我義教之

我之非強使人從之也而用夫自然舉其至理順之必吉違之必凶故人相教違之自取其凶也亦如我

之教人勿違之也

强梁者不得其死吾將以爲教父

强梁則必不得其死人相教爲强梁則必如我之教人不當爲强梁也舉其强梁不得其死以教耶若云順吾教之必吉也故得其違教之徒適可以爲教父也

四十三章 案河上公注本此爲偏用章

天下之至柔馳騁天下之至堅

氣無所不入水無所不出於經

無有入無間 案淮南子作出於無有入於無間 吾是以知無爲之有益

虛無柔弱無所不通無有不可窮至柔不可折以此

推之故知無爲之有益也

不言之教無爲之益天下希及之

四十四章 案河上公注本此爲立戒章

名與身孰親

尚名好高其身必疏

身與貨孰多

貪貨無厭其身必少

得與亡孰病

得多利而亡其身何者爲病也

是故甚愛必大費多藏必厚亡

甚愛不與物通多藏不與物散求之者多攻之者衆爲物所病故大費厚亡也

知足不辱知止不殆可以長久

四十五章 案河上公注本此爲洪德章

大成若缺其用不弊

隨物而成不爲一象故若缺也

大盈若沖其用不窮

大盈充足隨物而與無所愛矜故若沖也

大直若屈

隨物而直直不在一故若屈也

大巧若拙

大巧因自然以成器不造為異端故若拙也

大辯若訥

大辯因物而言己無所造故若訥也

躁勝寒靜勝熱清靜為天下正

躁罷然後勝寒靜無爲以勝熱以此推之則清靜爲天下正也靜則全物之眞躁則犯物之性故惟清靜乃得如上諸大也

四十六章 案河上公注本此爲儉欲章

天下有道卻走馬以糞

天下有道知足知止無求於外各修其內而已故卻走馬以治田糞也

天下無道戎馬生於郊

貪欲無厭不修其內各求於外故戎馬生於郊也

禍莫大於不知足案河上公注本此句上有罪莫大於可欲一句咎莫大於欲得案大韓非子作憯故知足之足常足矣

四十七章案河上公注本此爲鑒遠章

不出戶知天下不闚牖見天道案韓非子出闚下有於字戶牖下有可以字事有宗而物有主途雖殊而同歸也慮雖百而其致一也道有大常理有大致執古之道可以御今雖處於今可以知古始故不出戶闚牖而可知也

其出彌遠案韓非子遠下有者字其知彌少無在於一而求之於衆也道視之不可見聽之不可

聞搏之不可得如其知之不須出戶若其不知出愈遠愈迷也

是以聖人不行而知案知一作至不見而名

得物之致故雖不行而慮可知也識物之宗故雖不見而是非之理可得而名也

不爲而成

明物之性因之而已故雖不爲而使之成矣

四十八章案河上公注本此爲忘知章

爲學日益

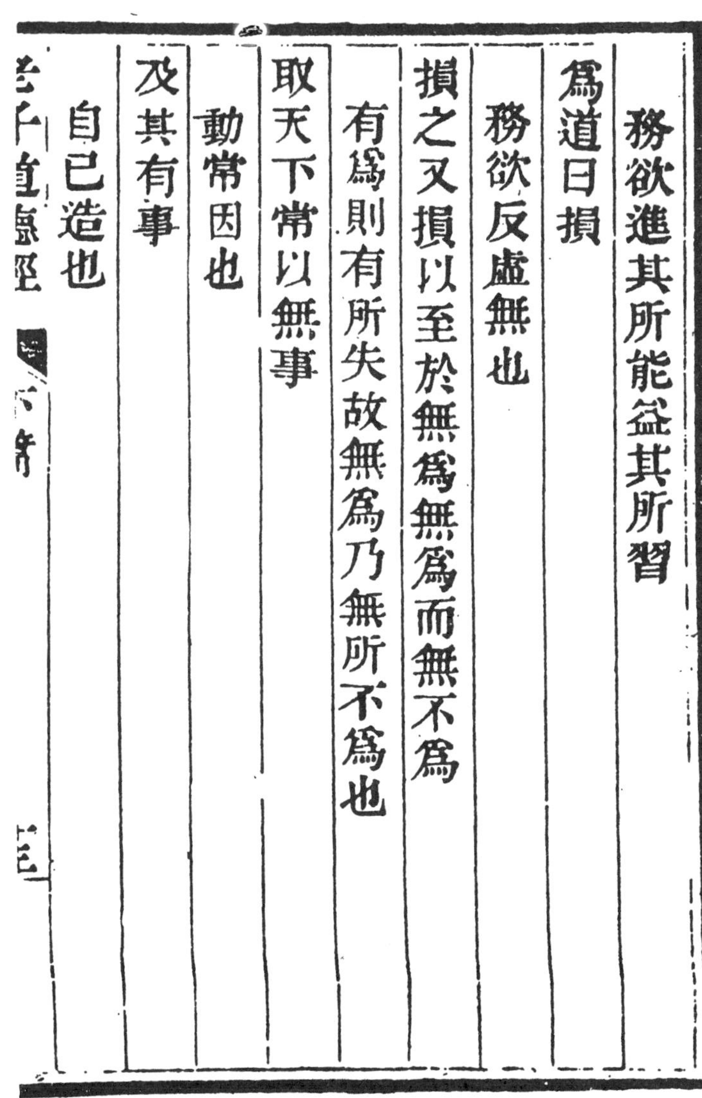

務欲進其所能益其所習

爲道日損

務欲反虛無也

損之又損以至於無爲無爲而無不爲

有爲則有所失故無爲乃無所不爲也

取天下常以無事

動常因也

及其有事

自已造也

不足以取天下

失統本也

四十九章 案河上公注本此爲任德章

聖人無常心以百姓心爲心

動常因也

善者吾善之不善者吾亦善之

各因其用則善不失也

德善 案善下一本有矣字

無棄人也

信者吾信之不信者吾亦信之德信案信下一本有矣字聖人在天下案人下各本有之字歙歙爲天下渾其心案歙歙河上公注本作怵怵釋文云一作惵惵各用聰明

聖人皆孩之案孩釋文云王弼作咳據注義仍宜作孩

皆使和而無欲如嬰兒也夫天地設位聖人成能人謀鬼謀百姓與能者能者與之資者取之能大則大資貴則貴物有其宗事有其主如此則可冕旒充目而不懼於欺黈纊塞耳而無戚於慢又何爲勞一身

之聰明以察百姓之情哉夫以明察物物亦競以其明應之以不信察物物亦競以其不信應之夫天下之心不必同其所應不敢異則莫肯用其情矣甚矣害之大也莫大於用其明矣夫在智則人與之訟在力則人與之爭智不出於人而立乎訟地則窮矣力不出於人而立乎爭地則危矣未有能使人無用其智力乎己者也如此則己以一敵人而人以千萬敵己也若乃多其法網煩其刑罰塞其徑路攻其幽宅則萬物失其自然百姓喪其手足鳥亂於上魚亂於

下是以聖人之於天下歙歙爲心無所主也爲天下渾心焉意無所適莫也無所察焉百姓何避無所求焉百姓何應無避無應則莫不用其情矣人無爲舍其所能而爲其所不能舍其所長而爲其所短如此則言者言其所知行者行其所能百姓各皆注其耳目焉吾皆孩之而已

五十章 案河上公注本此爲貴生章

出生入死

出生地入死地

生之徒十有三死之徒十有三人之生動之死地亦十有三案韓非子作生而動動皆之死地夫何故以其生生之厚蓋聞善攝生者陸行不遇兕虎入軍不被甲兵兕無所投其角虎無所措其爪兵無所容其刃夫何故以其無死地

十有三猶云十分有三分取其生道全生之極十分有三耳取死之道全死之極亦十分有三耳而民生生之厚更之無生之地焉善攝生者無以生爲生故無死地也器之害者莫甚乎戈兵獸之害者莫甚乎兕虎而令兵戈無所容其鋒刃虎兕無所措其爪角

斯誠不以欲累其身者也何死地之有乎夫蚖蟺以淵爲淺而鑿穴其中鷹鸇以山爲卑而增巢其上矰繳不能及網罟不能到可謂處於無死地矣然而卒以甘餌乃入於無生之地豈非生生之厚乎故物苟不以求離其本不以欲渝其眞雖入軍而不害陸行而不可犯也赤子之可則而貴信矣

五十一章　案河上公注本此爲養德章

道生之德畜之物形之勢成之

物生而後畜畜而後形形而後成何由而生道也何

得而畜德也何由而形物也何使而成勢也唯因也故能無物而不形唯勢也故能無物而不成凡物之所以生功之所以成皆有所由有所由焉則莫不由乎道也故推而極之亦至道也隨其所因故各有稱焉

是以萬物莫不尊道而貴德

道者物之所由也德者物之所得也由之乃得故曰不得不失尊之則害不得不貴也

道之尊德之貴夫莫之命而常自然

命並作爵案此句疑係命字下原校注語誤作弼注

故道生之德畜之長之育之亭之毒之養之覆之

謂成其實各得其庇蔭不傷其體矣

生而不有爲而不恃

爲而不有

長而不宰是謂玄德

有德而不知其主也出乎幽冥

五十二章案河上公注本此爲歸元章

天下有始以爲天下母既得其母以知其子既知其子

復守其母沒身不殆

母本也子末也得本以知末不舍本以逐末也

塞其兌閉其門

兌事欲之所由生門事欲之所由從也

終身不勤

無事永逸故終身不勤也

開其兌濟其事終身不救

不閉其原而濟其事故雖終身不救

見小曰明守柔曰強

爲治之功不在大見大不明見小乃明守强不强守

柔乃强也

用其光

顯道以去民迷

復歸其明

不明察也

無遺身殃是爲習常 案習各本作襲

道之常也

五十三章 案河上公注本此爲益證章

使我介然有知行於大道唯施是畏

言若使我可介然有知行大道於天下唯施爲之是畏也

大道甚夷而民好徑

言大道蕩然正平而民猶尙舍之而不由好從邪徑況復施爲以塞大道之中乎故曰大道甚夷而民好徑

朝甚除

朝宮室也除潔好也

田甚蕪倉甚虛

朝甚除則田甚蕪倉甚虛設一而衆害生也

服文綵帶利劒厭飲食財貨有餘是謂盜夸 案夸韓非子作竽

非道也哉

凡物不以其道得之則皆邪也邪則盜也夸而不以其道得之竊位也故舉非道以明非道則皆盜夸也

五十四章 案河公上注本此爲修觀章

善建者不拔

固其根而後營其末故不拔也

善抱者不脫

不貪於多齊其所能故不脫也

子孫以祭祀不輟案以下韓非子有其世世三字

子孫傳此道以祭祀則不輟也

修之於身其德乃眞修之於家其德乃餘

以身及人也修之身則眞修之家則有餘修之不廢所施轉大

修之於鄉其德乃長修之於國案國韓非子作邦其德乃豐修之於天下其德乃普故以身觀身以家觀家以鄉觀鄉

以國觀國

彼皆然也

以天下觀天下

以天下百姓心觀天下之道也天下之道逆順吉凶

亦皆如人之道也

吾何以知天下然哉以此 案下下各本有之字

此上之所云也言吾何以得知天下乎察己以知之

不求於外也所謂不出戶以知天下者也

五十五章 案河上公注本此爲玄符章

含德之厚比於赤子蜂蠆虺蛇不螫猛獸不據攫鳥不搏

赤子無求無欲不犯衆物故毒蟲之物無犯之人也

含德之厚者不犯於物故無物以損其全也

骨弱筋柔而握固

以柔弱之故故握能周固

未知牝牡之合而全作（案全河上公注本作朘）

作長也無物以損其身故能全長也言含德之厚者無物可以損其德渝其眞柔弱不爭而不摧折皆若

此也

精之至也終日號而不嗄案河上公注本而下有嗌字

無爭欲之心故終日出聲而不嗄也

和之至也知和曰常

物以和爲常故知和則得常也

知常曰明

不皦不昧不温不凉此常也無形不可得而見曰明

也

益生曰祥

生不可益益之則夭也

心使氣曰強

心宜無有使氣則強

物壯則老謂之不道不道早已

五十六章　案河上公注本此爲玄德章

知者不言

因自然也

言者不知

造事端也

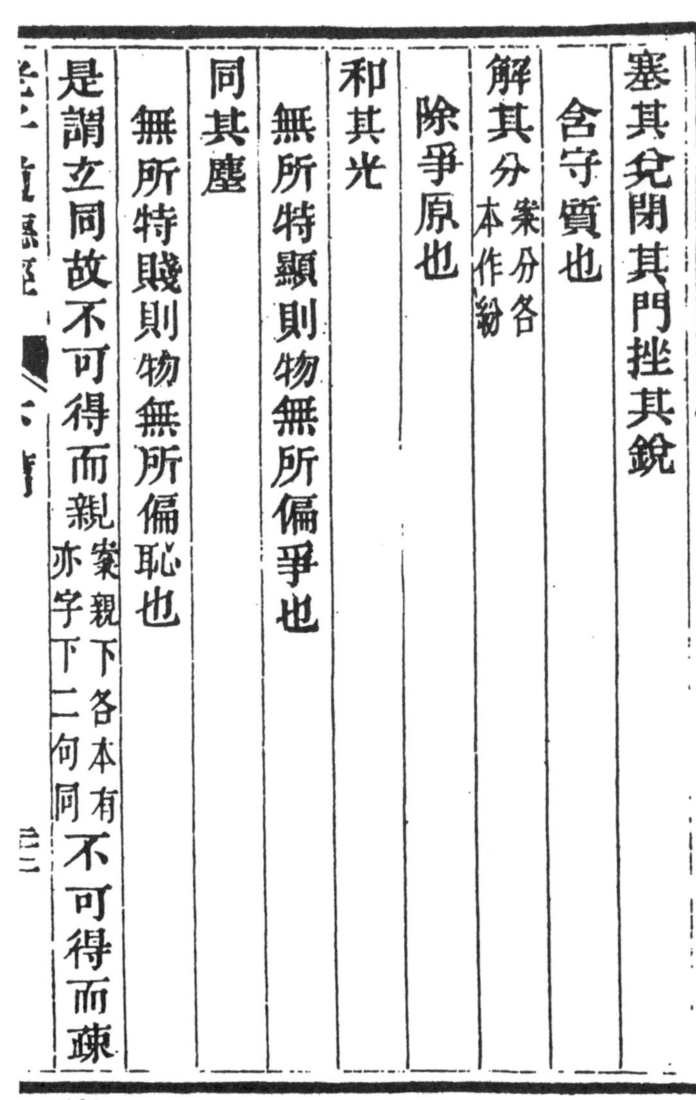

塞其兌閉其門挫其銳

含守質也

解其分案分各本作紛

除爭原也

和其光

無所特顯則物無所偏爭也

同其塵

無所特賤則物無所偏恥也

是謂玄同故不可得而親案親下各本有亦字下二句同不可得而疏

可得而親則可得而疎也

不可得而利不可得而害

可得而利則可得而害也

不可得而貴不可得而賤

可得而貴則可得而賤也

故爲天下貴

無物可以加之也

五十七章 案河上公注本此爲淳風章

以正治國以奇用兵以無事取天下

以道治國則國平以正治國則奇正起也以無事則能取天下也上章云其取天下者常以無事及其有事又不足以取天下也故以正治國則不足以取天下而以奇用兵也夫以道治國崇本以息末以正治國立辟以攻末本不立而末淺民無所及故必至於奇用兵也

吾何以知其然哉以此天下多忌諱而民彌貧民多利器國家滋昏

利器凡所以利己之器也民強則國家弱

人多伎巧奇物滋起

民多智慧則巧僞生巧僞生則邪事起

法令滋彰盜賊多有

立正欲以息邪而奇兵用多忌諱欲以恥貧而民彌貧利器欲以强國者也而國愈昏多皆舍本以治末故以致此也

故聖人云我無爲而民自化我好靜而民自正我無事而民自富我無欲而民自樸 案一本有我無情而民自清句

上之所欲民從之速也我之所欲唯無欲而民亦無

欲而自樸也此四者崇本以息末也

五十八章 案河上公注本此爲順化章

其政悶悶其民淳淳

言善治政者無形無名無事無政可舉悶悶然卒至於大治故曰其政悶悶也其民無所爭競寬大淳淳故曰其民淳淳也

其政察察其民缺缺

立刑名明賞罰以檢姦僞故曰察察也殊類分析民懷爭競故曰其民缺缺

禍兮福之所倚福兮禍之所伏孰知其極其無正（案正下一本有邪字）

言誰知善治之極乎唯無可正舉無可形名悶悶然而天下大化是其極也

正復爲奇

以正治國則便復以奇用兵矣故曰正復爲奇

善復爲妖

立善以和萬物則便復有妖之患也

人之迷其日固久（案韓非子作其故以久矣）

言人之迷惑失道固久矣不可便正善治以責

是以聖人方而不割

以方導物舍去其邪不以方割物所謂大方無隅

廉而不劌案劌河上公注本作害

廉清廉也劌傷也以清廉清民令去其邪令去其汙不以清廉劌傷於物也

直而不肆

以直導物令去其僻而不以直激沸於物也所謂大直若屈也

光而不燿

以光鑑其所以迷不以光照求其隱慝也所謂明道若昧也此皆崇本以息末不攻而使復之也

五十九章 案河上公注本此爲守道章

治人事天莫若嗇

莫如猶莫過也嗇農夫農人之治田務去其殊類歸於齊一也全其自然不急其荒病除其所以荒病上承天命下綏百姓莫過於此

夫唯嗇是謂早服

早服常也

早服謂之重積德

唯重積德不欲銳速然後乃能使早服其常故曰早服謂之重積德者也

重積德則無不克無不克則莫知其極

道無窮也

莫知其極可以有國

以有窮而莅國非能有國也

有國之母可以長久

國之所以安謂之母重積德是唯圖其根然後營末乃得其終也

是謂深根固柢宋韓非子深固下俱有其字長生久視之道

六十章宋河上公注本此爲居位章

治大國若烹小鮮

不擾也躁則多害靜則全眞故其國彌大而其主彌靜然後乃能廣得衆心矣

以道莅天下其鬼不神

治大國則若烹小鮮以道莅天下則其鬼不神也

非其鬼不神其神不傷人

神不害自然也物守自然則神無所加神無所加則不知神之爲神也

非其神不傷人聖人亦不傷人

道洽則神不傷人神不傷人則不知神之爲神道洽則聖人亦不傷人聖人不傷人則不知聖人之爲聖也猶云不知神之爲神亦不知聖人之爲聖也夫恃威網以使物者治之衰也使不知神聖之爲神聖道之極也

夫兩不相傷故德交歸焉

神不傷人聖人亦不傷人聖人不傷人神亦不傷人

故曰兩不相傷也神聖合道交歸之也

## 六十一章 案河上公注本此爲謙德章

大國者下流

江海居大而處下則百川流之大國居大而處下則

天下流之故曰大國下流也

天下之交

天下所歸會也

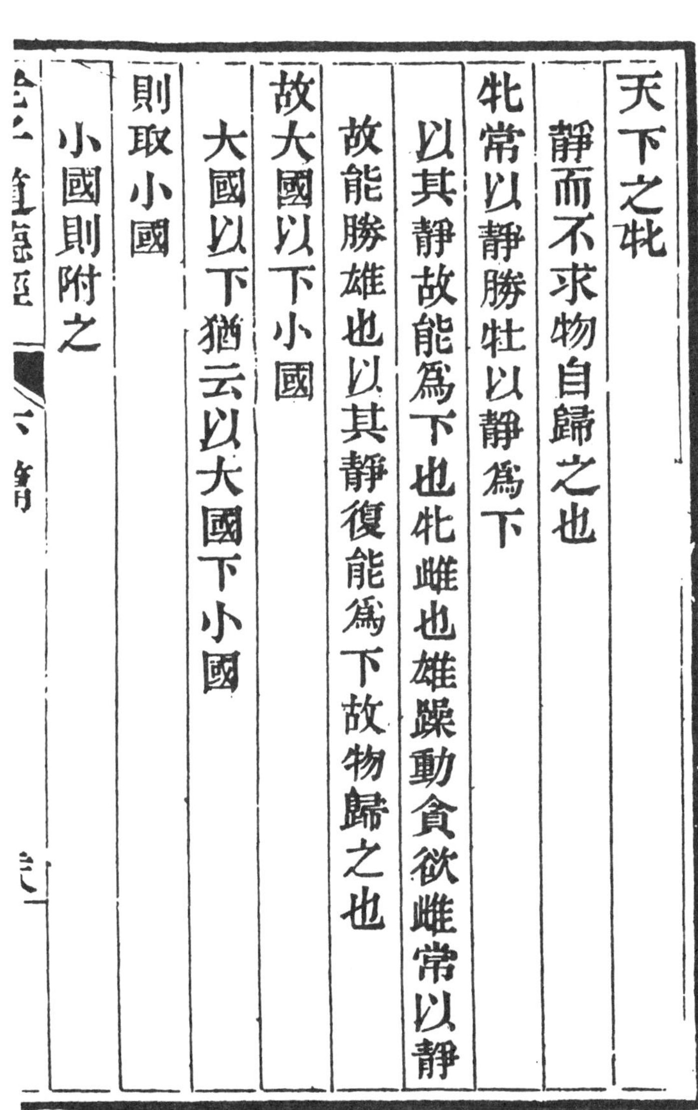

天下之牝

靜而不求物自歸之也

牝常以靜勝牡以靜爲下

以其靜故能爲下也牝雌也雄躁動貪欲雌常以靜故能勝雄也以其靜復能爲下故物歸之也

故大國以下小國

大國以下猶云以大國下小國

則取小國

小國則附之

小國以下大國則取大國

大國納之也

故或下以取或下而取

言唯修卑下然後乃各得其所

大國不過欲兼畜人小國不過欲入事人夫兩者各得其所欲大者宜為下

小國修下自全而已不能令天下歸之大國修下則天下歸之故曰各得其所欲則大者宜為下也

六十二章 案河上公注本此為爲道章

道者萬物之奧

奧猶曖也可得庇蔭之辭

善人之寶

寶以爲用也

不善人之所保

保以全也

美言可以市尊行可以加人

言道無所不先物無有貴於此也雖有珍寶璧馬無以匹之美言之則可以奪衆貨之賈故曰美言可以

市也尊行之則千里之外應之故曰可以加於人也

人之不善何棄之有

不善當保道以免放

故立天子置三公

言以尊行道也

雖有拱璧以先駟馬不如坐進此道

此道上之所云也言故立天子置三公尊其位重其人所以爲道也物無有貴於此者故雖有拱抱寶璧以先駟馬而進之不如坐而進此道也

古之所以貴此道者何不日以求得有罪以免耶故爲天下貴

以求則得求以免則得免無所而不施故爲天下貴也

六十三章 案河上公注本此爲恩始章

爲無爲事無事味無味

以無爲爲居以不言爲教以恬淡爲味治之極也

大小多少報怨以德

小怨則不足以報大怨則天下之所欲誅順天下之

所同者德也

圖難於其易爲大於其細天下難事必作於易天下大事必作於細是以聖人終不爲大故能成其大夫輕諾必寡信多易必多難是以聖人猶難之

以聖人之才猶尙難於細易況非聖人之才而欲忽於此乎故曰猶難之也

故終無難矣

六十四章 案河上公注本此爲守微章

其安易持其未兆易謀

以其安不忘危持之不忘亡謀之無功之勢故曰易也

其脆易泮案脆釋文云一作膬其微易散

雖失無入有以其微脆之故未足以興大功故易也

此四者皆說愼終也不可以無之故而不持不可以微之故而弗散也無而弗持則生有焉微而不散則生大焉故慮終之患如始之禍則無敗事

爲之於未有

謂其安未兆也

治之於未亂

謂微脆也

合抱之木生於毫末九層之臺起於累土千里之行始於足下為者敗之執者失之

當以慎終除微慎微除亂而以施為治之形名執之反生事原巧辟滋作故敗失也

是以聖人無為故無敗無執故無失民之從事常於幾成而敗之

不慎終也

愼終如始則無敗事是以聖人欲不欲不貴難得之貨

好欲雖微爭尙爲之興難得之貨雖細貪盜爲之起也

學不學復衆人之所過

不學而能者自然也喻於不學者過也故學不學以復衆人之過

以輔萬物之自然而不敢爲

六十五章 宋河上公注本此爲淳德章

古之善爲道者非以明民將以愚之

明謂多見巧詐蔽其樸也愚謂無知守眞順自然也

民之難治以其智多

多智巧詐故難治也

故以智治國國之賊

智猶治也以智而治國所以謂之賊者故謂之智也民之難治以其多智也當務塞兌閉門令無知無欲而以智術動民邪心旣動復以巧術防民之僞民知其術防隨而避之思惟密巧奸僞益滋故曰以智治國國之賊也

不以智治國國之福知此兩者亦稽式案河上公注本稽作楷下同

常知稽式是謂玄德玄德深矣遠矣

稽同也今古之所同則不可廢能知稽式是謂玄德

玄德深矣遠矣

與物反矣

反其眞也

然後乃至大順

六十六章案河上公注本此爲後已章

江海所以能爲百谷王者以其善下之故能爲百谷王

是以欲上民必以言下之欲先民必以身後之是以聖人處上而民不重處前而民不害是以天下樂推而不厭以其不爭故天下莫能與之爭

六十七章 案河上公注本此爲三寶章

天下皆謂我道大似不肖夫唯大故似不肖若肖久矣其細也夫

久矣其細猶曰其細久矣肖則失其所以爲大矣故曰若肖久矣其細也夫

我有三寶持而保之一曰慈二曰儉三曰不敢爲天下

先慈故能勇

夫慈以陳則勝以守則固故能勇也

儉故能廣

節儉愛費天下不匱故能廣也

不敢爲天下先故能成器長（案器韓非子作事）

唯後外其身爲物所歸然後乃能立成器爲天下利

爲物之長也

今舍慈且勇

且猶取也

舍儉且廣舍後且先死矣夫慈以戰則勝

相慜而不避於難故勝也

以守則固天將救之以慈衞之

六十八章 案河上公注本此爲配天章

善爲士者不武

士卒之帥也武尚先陵人也

善戰者不怒

後而不先應而不唱故不在怒

善勝敵者不與

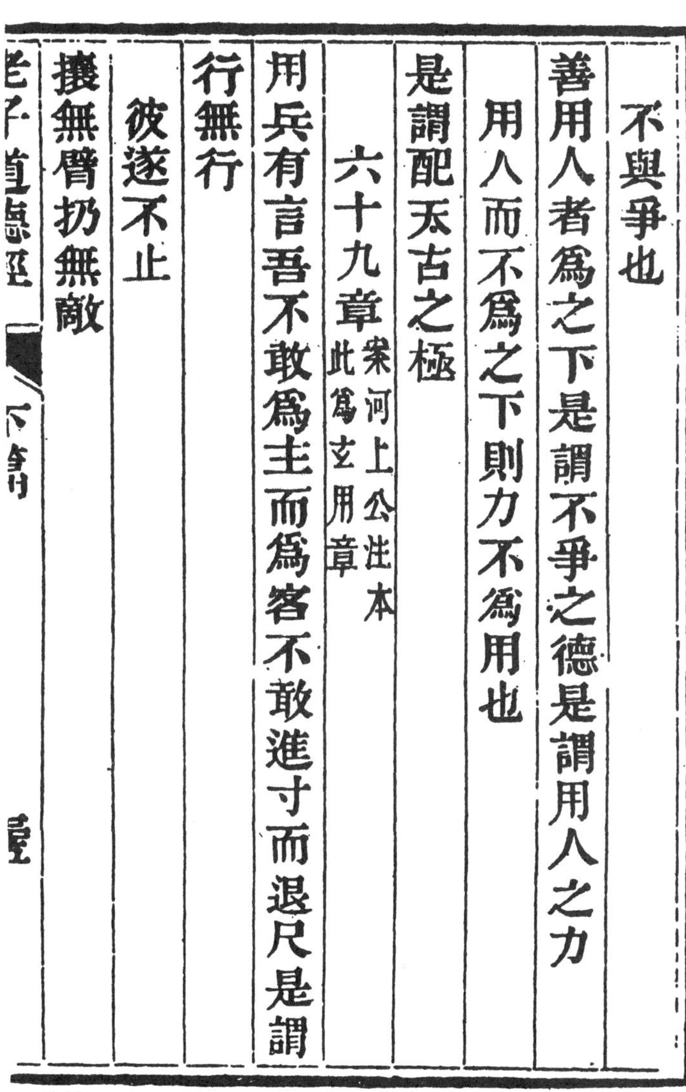

不與爭也

善用人者爲之下是謂不爭之德是謂用人之力

用人而不爲之下則力不爲用也

是謂配天古之極

六十九章 宋河上公注本此爲玄用章

用兵有言吾不敢爲主而爲客不敢進寸而退尺是謂

行無行

彼遂不止

攘無臂扔無敵

行謂行陳也言以謙退哀慈不敢爲物先用戰猶行無行攘無臂執無兵扔無敵也言無有與之抗也

執無兵禍莫大於輕敵輕敵幾喪吾寶

言吾哀慈謙退非欲以取强無敵於天下也不得已而卒至於無敵斯乃吾之所以爲大禍也寶三寶也

故曰幾亡吾寶

故抗兵相加哀者勝矣

抗擧也加當也哀者必相惜而不趣利避害故必勝

## 七十章

案河上公注本此爲知難章

吾言甚易知甚易行天下莫能知莫能行

可不出戶窺牖而知故曰甚易知也無爲而成故曰甚易行也惑於躁欲故曰莫之能知也迷於榮利故曰莫之能行也

言有宗事有君

宗萬物之宗也君萬物之主也

夫唯無知是以不我知

以其言有宗事有君之故故有知之人不得不知之也

知我者希則我者貴

唯深故知之者希也知我益希我亦無匹故曰知我者希則我者貴也

是以聖人被褐懷玉

被褐者同其塵懷玉者寶其眞也聖人之所以難知以其同塵而不殊懷玉而不渝故難知而爲貴也

七十一章 案河上公注本此爲知病章

知不知上不知知病

不知知之不足任則病也

夫唯病病是以不病聖人不病以其病病是以不病案韓非子作聖人之不病也以其病病是以無病也

## 七十二章

案河上公注本此爲愛己章

民不畏威則大威至無狎其所居無厭其所生

清淨無爲謂之居謙後不盈謂之生離其清淨行其躁欲棄其謙後任其威權則物擾而民僻威不能復制民民不能堪其威則上下大潰矣天誅將至故曰民不畏威則大威至無狎其所居無厭其所生言威力不可任也

夫唯不厭

不自厭也

是以不厭

不自厭是以天下莫之厭

是以聖人自知不自見

不自見其所知以耀光行威也

自愛不自貴

自貴則物狎厭居生

故去彼取此

## 七十三章 案河上公注本此爲任爲章

勇於敢則殺

必不得其死也

勇於不敢則活

必齊命也

此兩者或利或害

俱勇而所施者異利害不同故曰或利或害也

天之所惡孰知其故是以聖人猶難之

孰誰也言誰能知天下之所惡意故耶其唯聖人夫

聖人之明猶難於勇敢況無聖人之明而欲行之也

故曰猶難之也

天之道不爭而善勝

天唯不爭故天下莫能與之爭

不言而善應

順則吉逆則凶不言而善應也

不召而自來

處下則物自歸

繟然而善謀

垂象而見吉凶先事而設誠安而不忘危未召而謀之故曰繟然而善謀也

天網恢恢疏而不失

七十四章 案河上公注本此爲制惑章

民不畏死奈何以死懼之若使民常畏死而爲奇者吾得執而殺之孰敢

詭異亂羣謂之奇也

常有司殺者殺夫代司殺者殺是謂代大匠斲 案河上公注本作夫代司殺者是謂代大匠斲 夫代大匠斲者希有不傷其手矣

爲逆順者之所惡忿也不仁者人之所疾也故曰常有司殺也

七十五章 案河上公注本此爲貪損章

民之饑以其上食稅之多是以饑民之難治以其上之有爲是以難治民之輕死以其求生之厚是以輕死夫唯無以生爲者是賢於貴生

言民之所以僻治之所以亂皆由上不由其下也民從上也

七十六章 案河上公注本此爲戒强章

人之生也柔弱其死也堅强萬物草木之生也柔脆其
死也枯槁故堅强者死之徒柔弱者生之徒是以兵强
則不勝
强兵以暴於天下者物之所惡也故必不得勝
木强則兵
物所加也
强大處下
木之本也
柔弱處上

枝條是也

七十七章 案河上公注本此爲天道章

天之道其猶張弓與高者抑之下者舉之有餘者損之不足者補之天之道損有餘而補不足人之道則不然

與天地合德乃能包之如天之道如人之量則各有其身不得相均如惟無身無私乎自然然後乃能與天地合德

損不足以奉有餘孰能有餘以奉天下唯有道者是以聖人爲而不恃功成而不處其不欲見賢

言唯能處盈而全虛損有以補無和光同塵蕩而均者唯其道也是以聖人不欲示其賢以均天下

七十八章 案河上公注本此爲任信章

天下莫柔弱於水 案河上公注本作天下柔弱莫過於水 而攻堅強者莫之能勝其無以易之

以用也其謂水也言用水之柔弱無物可以易之也

弱之勝強柔之勝剛天下莫不知莫能行是以聖人云受國之垢是謂社稷主受國不祥是爲天下王正言若反

枝條是也

七十七章 案河上公注本此爲天道章

天之道其猶張弓與高者抑之下者舉之有餘者損之不足者補之天之道損有餘而補不足人之道則不然與天地合德乃能包之如天之道如人之量則各有其身不得相均如惟無身無私乎自然然後乃能與天地合德

損不足以奉有餘孰能有餘以奉天下唯有道者是以聖人爲而不恃功成而不處其不欲見賢

言唯能處盈而全虛損有以補無和光同塵蕩而均者唯其道也是以聖人不欲示其賢以均天下

七十八章 案河上公注本此爲任信章

天下莫柔弱於水（案河上公注本作天下柔弱莫過於水）而攻堅強者莫之能勝其無以易之

以用也其謂水也言用水之柔弱無物可以易之也

弱之勝強柔之勝剛天下莫不知莫能行是以聖人云受國之垢是謂社稷主受國不祥是爲天下王正言若反

七十九章 案河上公注本此爲任契章

和大怨必有餘怨

不明理其契以致大怨已至而德和之其傷不復故有餘怨也

安可以爲善是以聖人執左契

左契防怨之所由生也

而不責於人有德司契

有德之人念思其契不念怨生而後責於人也

無德司徹

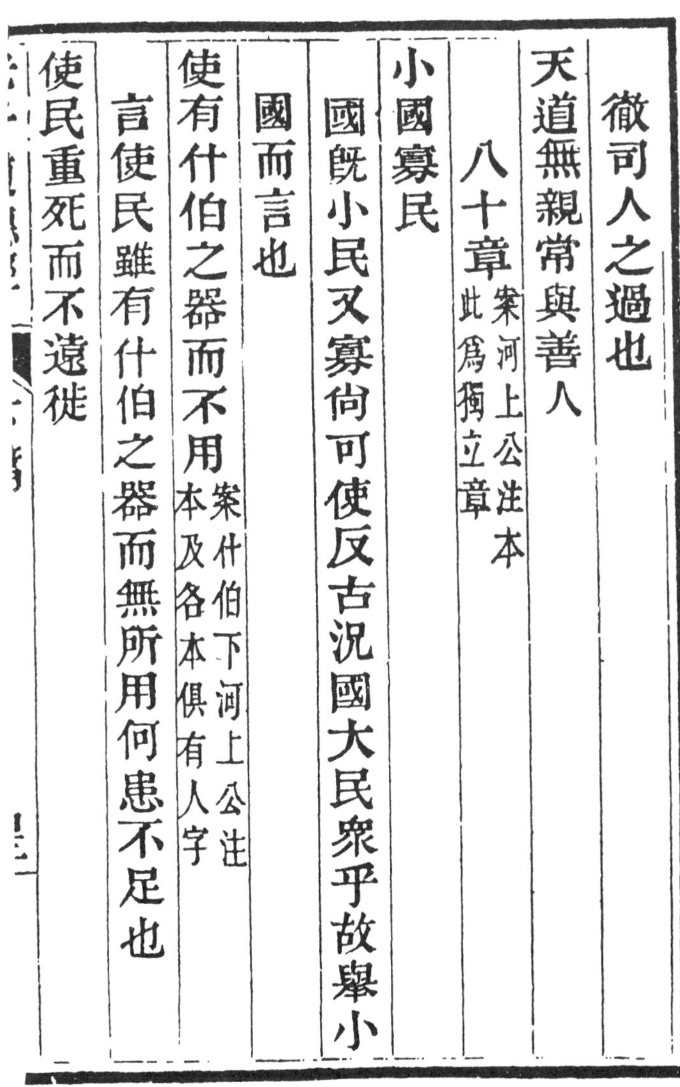

徹司人之過也

天道無親常與善人

八十章 案河上公注本此爲獨立章

小國寡民

國既小民又寡尚可使反古況國大民衆乎故舉小國而言也

使有什伯之器而不用 案什伯下河上公注本及各本俱有人字

言使民雖有什伯之器而無所用何患不足也

使民重死而不遠徙

使民不用惟身是寶不貪貨賂故各安其居重死而不遠徙也

雖有舟輿無所乘之雖有甲兵無所陳之使人復結繩而用之甘其食美其服安其居樂其俗鄰國相望雞犬之聲相聞民至老死不相往來

無所欲求

八十一章 案河上公注本此爲顯質章

信言不美

實在質也

美言不信

本在樸也

善者不辯辯者不善知者不博

極在一也

博者不知聖人不積

無私自有唯善是與任物而已

既以爲人己愈有

物所尊也

既以與人己愈多

物所歸也

天之道利而不害

動常生成之也

聖人之道爲而不爭

順天之利不相傷也

王弼老子道德經二卷眞得老子之學歟蓋嚴君平指歸之流也其言仁義與禮不能自用必待道以用之天地萬物各得於一豈特有功於老子哉凡百學者蓋不可不知乎此也予於是知弼本深

於老子而易則末矣其於易多假諸老子之旨而老子無資於易者其有餘不足之迹斷可見也嗚呼學其難哉弼知佳兵者不祥之器至於戰勝以喪禮處之非老子之言乃不知常善救人故無棄人常善救物故無棄物獨得諸河上公而古本無有也賴傳奕能辯之爾然弼題是書曰道德經不析乎道德而上下之猶近於古歟其文字則多謬殆有不可讀者令人惜之嘗謂弼之於老子張湛之於列子郭象之於莊子杜預之於左氏范甯

之於穀梁毛萇之於詩郭璞之於爾雅完然成一
家之學後世雖有作者未易加也予既繕寫弼書
并以記之政和乙未十月丁丑嵩山晁說之鄜畤
記

咸平聖語有曰老子道德經治世之要明皇解雖
燦然可觀王弼所注言簡意深真得老氏清淨之
旨克自此求弼所注甚力而近世希有蓋久而後
得之往歲攝建寧學官嘗以刊行既又得晁以道
先生所題本不分道德而上下之亦無篇目克喜

其近古繕寫藏之乾道庚寅分教京口復鏤板以
傳若其字之謬訛前人已不能證克焉敢輒易姑
俟夫知者三月二十四日左從事郎充鎮江府府
學教授熊克謹記

老子道德經下篇